VILLE D'ARRAS (Pas-de-Calais)

VENTE AUX ENCHÈRES PUBLIQUES

COLLECTION DE M. G. HENRY

COMPRENANT :

BELLE RÉUNION DE FAIENCES ANCIENNES

Des fabriques de Delft, Rouen, Strasbourg, Niedervillers, Marseille, Moustier, Saint-Omer, Desvres et autres

PORCELAINES ANCIENNES

Des fabriques de Sèvres, Saxe, Mennecy, Lille, Arras, Tournai, Paris, etc., etc.

TABLEAUX ANCIENS

Quelques modernes dont un beau *Corot*

ESTAMPES & GRAVURES ANCIENNES

Des écoles flamande, française, anglaise et italienne

Eaux-fortes par *Callot* et *C. Méryon*

MEUBLES ANCIENS SCULPTÉS

Des époques *Louis XIII* à *Louis XVI*, dont un beau lit et une fort belle table datés de 1616

SIÈGES DE DIVERSES ÉPOQUES

Pendules diverses, horloges, bronzes, bijoux, objets de vitrine

TAPISSERIE VERDURE (D'ARRAS)

DONT LA VENTE AURA LIEU

A Arras, rue des Trois Faucilles, 16 bis

Du Lundi 8 au 12 Février 1886

A UNE HEURE ET DEMIE PRÉCISE

Par le ministère de MM^es ADVIELLE et P. HENRY, Commissaires-Priseurs à Arras

Assistés de Mr GANDOUIN, expert, à Paris, rue Le Peletier, 42 et à Arras, hôtel de l'*Univers*

Chez lesquels se distribue le catalogue

EXPOSITIONS PARTICULIÈRES

Les Vendredi 5 et Samedi 6 février 1886, de midi à quatre heures

EXPOSITION PUBLIQUE

Le *Dimanche* 7 février 1886, de midi à quatre heures

Les adjudicataires payeront dix pour cent applicables aux frais

LE CATALOGUE SE DISTRIBUE

à **AMIENS**.........	Chez	M. LEFÈVRE, antiquaire.
à **ARRAS**...........	—	M. COSSIAU, rue des Trois-Faucilles.
à **BEAUVAIS**.........	—	M. DELAFOSSE.
à **BRUXELLES**......	—	M. LAMPE, Expert des Musées royaux, rue Traversière, 82.
à **CAMBRAI**.........	—	M. GUILMAIN BRACQ, antiquaire.
à **DOUAI**...........	—	M. MAILLIEZ, rue de Valenciennes, 30.
à **LIÈGE**............	—	M. RENARD, rue Saint-Jacques, 1.
à **LILLE**............	—	M. CARLIER, rue Esquermoise, 7.
—	—	M. SENOUTZEN, orfèvre, rue Esquermoise, 18.
à **LONDRES**.........	—	MM. CHRISTIE, MANSON et WOODS, 8, King Street, Saint-James S. W.
à **PARIS**......... ..	—	M. E. GANDOUIN, rue Le Peletier, 42, et au *Journal des Arts*, rue Le Peletier, 47.
à **PÉRIGUEUX**......	—	M. LAFON, antiquaire.
à **ROUEN**...........	—	M. LEFRANÇOIS, rue d'Amiens, 46.
à **VALENCIENNES**..	—	M. MAILLARD, rue Saint-Gery.
à **VERSAILLES**.. ..	—	M. GUILLEMOT, rue Duplessis, 34.

NOTA

M. GANDOUIN, Expert, chargé de la Vente, remplira les Commissions des personnes qui ne pourraient y assister.

Il se charge de toutes expertises et rédaction de Catalogues, pour collections particulières et pour celles destinées à être vendues aux enchères, ainsi que d'estimations d'Objets d'art, pour partage de succession et autres cas.

CONDITIONS DE LA VENTE

Elle sera faite au comptant.

Les Acquéreurs paieront DIX POUR CENT en sus des adjudications, applicables aux frais.

L'Expert, chargé de la Vente, se réserve la faculté de réunir ou diviser les lots.

Les Tares et Défauts omis au présent Catalogue seront annoncés à chaque mise en vente des Objets.

En cas de contestation sur une enchère, l'objet sera immédiatement remis en vente.

L'ordre numérique du Catalogue ne sera pas suivi.

ORDRE DES VACATIONS

Le *Lundi*	8 *février*	(faïences)	Nos 1 à 160
Le *Mardi*	9 *février*	(faïences et porcelaines).	161 à 299
		(verrerie)............	et no 807
Le *Mercredi*	10 *février*	(objets de vitrine)......	378 à 510
		(objets divers et omis).	805, 806
			et no 808
Le *Jeudi*	11 *février*	(tableaux, dessins)....	511 à 609
		(gravures)	610 à 700
Le *Vendredi*	12 *février*	(gravures)	701 à 804
		(meubles, pendules, bronzes)............	300 à 377

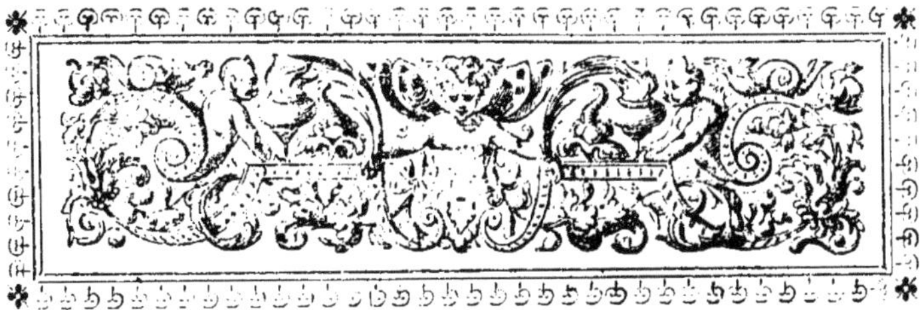

FAIENCES ANCIENNES

1 — **Delft.** Plat rond, décor à caissons bleu vermicellé avec bouquets de fleurs polychrome (très belle qualité).

2 — **Delft.** Deux assiettes, mêmes décor et qualité que le numéro précédent.

3 — **Delft.** Plat rond, décor vert dit à la feuille de chou, orné de quatre réserves chargées de fleurs en décor polychrome (très belle qualité).

4 — **Delft.** Trois assiettes, mêmes décor et qualité que le numéro précédent.

5 — **Delft.** Plat rond, décor analogue au numéro 3, mais à fond jaune (très belle qualité).

6 — **Delft.** Deux compotiers à bords festonnés, mêmes qualité et décor que le numéro précédent.

7 — **Delft.** Plat rond, décor bleu semé de bouquets.

8 — **Delft.** Plat rond, décor polychrome marli, richement orné, le fond semé de rosaces.

9 — **Delft.** Plat rond, décor polychrome, paysage (félures).

10 — **Delft.** Plat rond, décor plein, bleu (très belle qualité).

11 — **Delft.** Plat à bords festonnés, à caissons lobés, décor bleu alterné de fleurs et personnages chinois (bonne qualité).

12 — **Delft.** Plat de forme analogue au numéro précédent, décor alterné de fleurs et personnages chinois, jaune et manganèse (très belle qualité).

13 — **Delft.** Petit plat, mêmes décor et qualité que le numéro 11.

14 — **Delft.** Une assiette, décor dit à caissons, fond bleu, à réserves alternées de fleurs et modèles chinois, en polychrome.

15 — **Delft.** Plat à décor plein, en bleu (belle qualité).

16 — **Delft.** Plat rond, décoré sur le marli de personnages et paysages ; au centre, sujet représentant des lettrés, décor bleu.

17 — **Delft.** Plat rond, décor bleu, décoré sur le marli d'ornements, et au centre de fougères et d'un paon.

18 — **Delft.** Plat rond, décor bleu, semé de bouquets.

19 — **Delft.** Plat rond, gauffré sur le marli, décor bleu en oves ; au centre, un amour (bonne qualité).

20 — **Delft.** Assiette, décor polychrome, à caissons bleus avec bouquets, fleurs sur les réserves.

21 — **Delft.** Bol, même décor que le numéro précédent (fêlures).

22 — **Delft.** Assiette, décor polychrome, bouquets de fleurs et corbeille au centre (bonne qualité).

23 — **Delft.** Assiette, décor polychrome sur le marli ; au centre, une rosace.

24 — **Delft.** Plat, décor polychrome sur le marli ; au centre, deux bouquets de fleurs.

25 — **Delft.** Plat, à bords festonnés, caissons lobés, alternés de dessins quadrillés de cachemire et de sujets à personnages chinois.

26 — **Delft.** Plat rond, décor polychrome, le marli à fond bleu est orné de dessins gravés ; au centre, corbeille de fleurs (belle qualité).

27 — **Delft.** Plat rond, décor polychrome, orné sur le marli d'arabesques, au centre d'une corbeille de fleurs et d'un collier.

28 — **Delft.** Deux assiettes, décor polychrome de goût chinois, ornées sur le marli d'arabesques et, au centre, de fleurs et rochers (belle qualité).

29 — **Delft.** Assiette, décor bleu, marli richement orné; au centre, une rosace.

30 — **Delft.** Plat, de décor analogue au numéro précédent.

31 — **Delft.** Plat rond, bords festonnés, marli godronné, décor bleu d'arabesques, et, au centre, personnage chinois assis.

32 — **Delft.** Plat rond, décor polychrome dit de modèles (très belle qualité).

33 — **Delft.** Assiette, mêmes décor et qualité.

34 — **Delft.** Deux assiettes, décor bleu; sur le marli, des choses précieuses; au centre, fleurs et insectes.

35 — **Delft.** Assiette, décor polychrome de bouquets de fleurs.

36 — **Delft.** Plat rond, décor bleu, semé de bouquets.

37 — **Delft.** Paire de petites bouteilles, forme dite coloquinte, très riche décor polychrome, décor dit au dragon (très belle qualité).

38 — **Delft.** Bouteille à thé, décor bleu, à caissons alternés de fleurs et d'oiseaux.

39 — **Delft.** Pichet à panse godronnée torse, décor bleu, personnages chinois.

40 — **Delft.** Autre pichet plus petit, décor analogue.

41 — **Delft.** Petit vase, forme balustre, à pans coupés, décor bleu, fleurs, insectes et oiseaux.

42 — **Delft.** Petite potiche, surface côtelée, décor bleu, de beaux lambrequins et bouquets de fleurs (bonne qualité).

43 — **Delft.** Petite théière, décor bleu, bouquets, fleurs.

44 — **Delft.** Bouteilles, décor bleu, fleurs, manque d'émail sur la panse et col tronqué.

45 — **Delft.** Deux vaches debout, décor à froid (une réparée).

46 — **Delft.** Pichet, décor bleu, personnages chinois.

47 — **Delft.** Potiche, très beau décor bleu, personnages chinois et lambrequins.

48 — **Delft.** Chien assis, décor polychrome, au naturel.

49 — **Delft.** Autre, analogue au précédent.

50 — **Delft.** Chien et chat, décor vert et manganèse.

51 — **Delft**. Plat rond, décor bleu, le marli à réserves ornées de bouquets de fleurs ainsi que le centre.

52 — **Delft**. Assiette, décor bleu dit de modèles (belle qualité.

53 — **Delft**. Plat rond, riche, décor bleu, fleurs.

54 — **Delft**. Autre décor bleu, fleurs.

55 — **Rouen**. Grand plat rond, décor polychrome dit à la double corne (très remarquable qualité).

56 — **Rouen**. Deux seaux, beau décor polychrome dit au lambrequin (l'un d'eux, petite félure).

57 — **Rouen**. Encrier à double récipient, avec tronc d'arbre portant deux oiseaux en ronde-bosse, décor polychrome au naturel.

58 — **Rouen**. Deux assiettes, décor polychrome dit à la corne.

59 — **Rouen**. Beau plat rond, décor polychrome dit à la double corne (très belle qualité).

60 — **Rouen**. Compotier, décor polychrome, bouquets de fleurs.

61 — **Rouen**. Assiette, décor polychrome, marli orné d'un dessin échancré dit quadrillé de cachemire: au centre, Chinois assis sur un tertre (belle qualité).

62 — **Rouen**. — Petit vase octogone, décor bleu et rouille, dit au lambrequin.

63 — **Rouen**. Autre vase de même forme, décor analogue au numéro précédent (orifice ébréché).

64 — **Rouen**. Vase octogone, décor bleu dit au lambrequin.

65 — **Rouen**. Petit vase jardinière à anses torsées, décor bleu.

66 — **Rouen**. Autre vase plus petit que le précédent, décor bleu dit au lambrequin.

67 — **Rouen**. Autre plus grand que les précédents, orné sur la panse de masques en relief, décor bleu, paysages.

68 — **Rouen**. Porte-huilier et ses burettes, décor polychrome.

69 — **Rouen.** Très beau et très curieux pichet avec son couvercle, décor bleu orné de zones et collier, lambrequins et perles, le bec du pichet est formé par un masque d'homme barbu.

(Cette pièce est signée de la lettre A. du numéro 3. couvercle fêlé).

Très belle pièce de collection.

70 — **Rouen.** Plat ovale, bords échancrés, décor polychrome dit à la double corne (belle qualité et félures).

71 — **Rouen.** Soupière de même forme, décor polychrome à la corne (belle qualité, la vasque fêlée).

72 — **Rouen.** Plat ovale, bords échancrés, décor polychrome dit à la double corne.

73 — **Rouen.** Seau, décor polychrome à la corne (félures).

74 — **Rouen.** Saladier, décor polychrome à la corne d'abondance (félures).

75 — **Rouen.** Saucière, décor polychrome dit à la corne (les anses fracturées).

76 — **Rouen.** Jardinière à accrocher, décor polychrome. bouquet de fleurs.

77 — **Rouen.** Plat à baabe, même décor que le numéro précédent.

78 — **Rouen.** Petit bourdaloue, décor polychrome, fleurs.

79 — **Rouen.** Vasque à bain de pieds, décor bleu, paysages (félures).

80 — **Rouen.** Autre également fléé.

81 — **Rouen.** Deux salières, décor bleu et rouille.

82 — **Rouen.** Salière, décor polychrome dit à la corne.

83 — **Rouen.** Porte-huilier et ses burettes, décor polychrome, fleurs (une anse réparée).

84 — **Rouen.** Plat rond, décor polycrhome à la haie et à la corne tronquée (belle qualité, félures).

85 — **Rouen.** Plat rond, décor polychrome à la haie (félures).

86 — **Rouen**, Petite fontaine à accrocher, riche décor polychrome, manque le couvercle et la vasque (belle qualité).

87 — **Moustiers.** Assiette, décor polychrome, sur le marl d'ornements de goût rocaille, au centre d'une armoirie ducale écartelée.

88 — **Moustiers.** Belle assiette, décor polychrome, ornée sur le marli de guirlandes de fleurs, au centre d'une très belle armoirie écartelée, surmontée d'une couronne comtale et entourée de trophées militaires.

89 — **Moustiers.** Plat ovale, décor polychrome, orné sur le marli de guirlandes de fleurs et au centre d'un beau médaillon réprésentant Orphée charmant les animaux (belle qualité).

90 — **Moustiers.** Deux assiettes, décor jaune, fleurs et grotesques.

91 — **Saint-Omer.** Quatre assiettes, émail bleu, décor de fleurs en blanc.

92 — **Saint-Omer.** Assiette, émail bleu, décoré sur le marli, fleurs et arabesques en blanc et au centre d'un bouquet de fleurs.

93 — **Saint-Omer.** Assiette, décor de goût chinois dit au manganèse.

94 — **Saint-Omer.** Deux assiettes, décor vert, paysages.

95 — **Saint-Omer.** Deux assiettes, décor polychrome paysages.

96 — **Saint-Omer.** Assiette, décor, manganèse, fleurs.

97 — **Sinceny.** Compotier octogone, décor polychrome à la pagode.

98 — **Sinceny.** Petite jardinière forme carrée évasée, décor polychrome à la pagode.

99 — **Sinceny.** Saladier, décor polychrome, fleurs.

100 — **Rouen.** Compotier, décor polychrome dit à la haie.

101 — **Rouen.** Petit porte-huilier, décor polychrome dit à la pagode (belle qualité).

101 *bis* — **Rouen.** Petite soucoupe, décor polychrome, paysage et oiseaux, par Levavasseur (félures).

102 — **Rouen.** Petite jardinière à accrocher, décor bleu et rouge.

103 — **Déruta.** Plat rond, décor polychrome de raisins et pommes.

104 — **Desvres.** Pichet, femme assise, la robe décorée de fleurettes en polychrome (manque le couvercle).

105 — **Desvres.** Pichet, homme assis, décor analogue au numéro précédent.

106 — **Desvres.** Pichet, femme assise, décor analogue (couvercle ébréché).

107 — **Desvres.** Pichet, homme assis, même décor.

108 — **Desvres.** Pichet, homme assis, même décor (manque le couvercle).

109 — **Hesdin.** Pichet, à panse renflée, décorée d'une figure allégorique représentant la charité.

110 — **Saint-Amand.** Assiette, le marli orné de fleurs en supra-blanco, décoré au centre de fleurs en manganèse.

111 — **Saint-Amand.** Beau surtout composé de sept plateaux, décor bleu et supra-blanco.

Pièce excessivement intéressante et de forme très curieuse.

112 — **Saint-Omer.** Soupière, décor au manganèse, personnages et paysages chinois.

113 — **Saint-Amand.** Soupière, décor fleurs et supra-blanco (fracturée).

114 — **Sceaux.** Plateau rectangulaire à angles rentrants, décoré sur le marli de rubans et fleurs or.

115 — **Zell.** Théière, ornée en relief de paysages, animaux et ornements rocaille, peint. polychrome (le couvercle fracturé).

Echantillon très curieux de cette fabrique allemande qui existait au XVIIIe siècle.

116 — **Douai.** Petit sucrier, à anses et poignées torsées, décor polychrome, fleurs.

117 — **Bruxelles.** Assiette, décor vert et papillons en polychrome.

118 — **Niedervillers.** Deux assiettes, décor en camaïeu rose, paysages et insectes (très belle qualité).

119 — **Niedervillers.** Petit vase bouquetier, décor polychrome forme tulipe (réparé).

120 — **Niedervillers.** Verrière, décor polychrome (réparée).

121 — **Niedervillers.** Saucière, en forme de conque, décor polychrome, bouquets.

122 — **Niedervillers.** Deux seaux, décor polychrome, feuilles de chardon et bouquets (très belle qualité, l'un d'eux fêlé).

123 — **Strasbourg.** Corbeille, décor polychrome, fleurs.

124 — **Strasbourg.** Plateau, marli ajouré imitant la vannerie, décor polychrome, Chinois assis.

125 — **Strasbourg.** Soupière ovale, décor polychrome, fleurs.

126 — **Strasbourg.** Plat ovale, décor analogue au numéro précédent.

127 — **Niedervillers.** Soupière ovale, décor polychrome, fleurs.

128 — **Saint-Amand.** Porte-huilier, forme gondole, décor bleu et supra-blanco.

129 — **Strasbourg.** Plat à barbe, décor polychrome, fleurs.

130 — **Strasbourg.** Autre, décor analogue.

131 — **Strasbourg.** Quatre tasses, un sucrier, un moutardier, décor polychrome, fleurs.

132 — **Saint-Omer.** Pichet, émail bleu, décor de fleurs blanc et jaune.

133 — **Desvres.** Pichet, décor polychrome, fleurs.

134 — **Desvres.** Pichet, décor polychrome, fleurs.

135 — **Desvres.** Pot à tabac, décor polychrome, avec le mot *maroubac*.

136 — **Saint-Omer.** Soupière et plat, décor vert et manganèse (manque le couvercle).

137 — **Strasbourg.** Assiette, décor polychrome, fleurs (signée J. Hannong).

138 — **Saint-Amand.** Assiette, décor polychrome, fleurs et supra-blanco.

139 — **Strasbourg.** Soupière ovale, décor polychrome, bouquets fleurs.

140 — **Niedervillers.** Verrière, décor polychrome, tulipes et roses.

141 — **Marseille.** Cuvette en forme de coquille, décor polychrome, au centre très belle corbeille de fleurs dans le goût de Baptiste.

Pièce d'une fort belle qualité, en très bon état de conservation et peinte par Honoré Savy.

142 — **Marseille.** Deux compotiers à bords échancrés, décor polychrome de bouquets peints au naturel (très belle exécution).

143 — **Marseille.** Moutardier, décor polychrome, fleurs.

144 — **Marseille.** Assiette, bords échancrés dorés, au centre bouquet fleurs en polychrome (peinture attribuée à Honoré Savy).

145 — **Marseille.** Petit plateau ovale, décor polychrome, fleurs (belle qualité).

146 — **Strasbourg.** Trois petits pots à crème, décor polychrome, fleurs, signés Paul Hannong (deux anses fracturées).

147 — **Marseille.** Corbeille imitant un travail de vannerie.

148 — **Desvres.** Plat, décor polychrome, bouquets fleurs et oiseaux.

149 — **Desvres.** Plat avec christ en croix.

150 — **Sinceny.** Assiette, décor roseaux et oiseaux.

151 — **Bernard-Palissy.** Grand plat ovale représentant au centre la Fécondité, le marli est orné de masques en relief et de corbeilles de fleurs.

Quelques manques d'émail. Hr 0.41 sur 051, pièce très rare, époque primitive de ce célèbre céramiste.

152 — **Bernard-Palissy.** Plat creux, le marli orné de godrons, le centre orné de jeux d'enfants représentant l'automne (rattaché).

153 — **Desvres.** Petit encrier, décor polychrome, oiseaux.

154 — **Lauraguais ou Septfontaines.** Deux plateaux et deux corbeilles imitant la vannerie.

154 *bis* — **Septfontaines.** Soupière ronde et plat ovale, décor bleu dit au barbeau.

Nota. — Ces pièces ne portent pas le monogramme de la manufacture.

155 — **Lauraguais ou Septfontaines.** — Dix assiettes, décor bleu dit au barbeau.

155 *bis* — **Septfontaines.** Trente-deux assiettes, dont quatre fêlées.

Nota. — Ces pièces ne portent pas le monogramme de manufacture.

156 — **Delft.** Deux statuettes, vaches couchées, (réparées).

157 — **Saint-Omer.** Poêle brasero, décor marbré, époque Louis XV.

158 — **Rubelles** (Seine et Marne) — Douze assiettes, forme dite rustique, émail translucide.

159 — **Douai.** Bénitier, figure de Sainte-Madeleine, époque Louis XVI, dans un cadre sculpté époque Louis XIV.

160 — **Douai.** Petite jardinière carrée évasée à relief et un bol décor de fleurs en camaïeu rose.

161 — **Beauvais.** Cloche de cheminée, en grès cérame émaillé vert à relief de paysages et maisons, datée de 1768.

162 — **Beauvais.** Encrier en grès à relief émaillé bleu.

162 *bis* — **Rouen.** Bidet, décor bleu, fleurs et lambrequins, avec monture en bois tourné de l'époque Louis XIV (cuvette fêlée).

163 — **Beauvais.** Petite cruche en grès avec masque de lion en relief, émaux bleu et manganèse XVIIIe siècle, (anse fracturée).

163 *bis* — **Beauvais.** Encrier en grès ajouré, gravé, émaillé bleu (grès cérame du XVIe siècle).

164 — **Flandre.** Petite cruche en grès, la panse ornée de têtes d'anges ainsi que le bec, pièce émaillée bleu.

165 — **Beauvais.** Petite cruche en grès, à masques inversés, émaux bleu et manganèse, XVIe siècle.

166 — **Beauvais.** Petite cruche en grès à panse ronde, ornements en relief émaillés bleu et manganèse, XVIe siècle (très belle qualité).

167 — **Flandre.** Jolie petite cruche en grès, la panse ornée au centre d'une ceinture en relief, la base à godrons, le col et la partie supérieure d'ornements en creux, émail bleu (anse fêlée) XVIe siècle.

168 — **Beauvais.** Belle cruche avec couvercle en grès et à panse hexagonale, ornée d'arabesques gravées, et émaillée bleu (fêlure au couvercle).

169 — **Aprey.** Petit plateau ovale, décor polychrome, paysage et oiseaux.

170 — **Aprey.** Assiette creuse, beau décor polychrome, oiseaux (très belle qualité).

171 — **Aprey.** Assiette, décor polychrome, bords échancrés en forme de feuille, oiseau faisan.

172 — **Aprey.** Autre décor analogue, perroquet.

173 — **Aprey.** Autre décor analogue, poule faisane.

174 — **Marseille.** Très belle assiette, marli à relief, époque Louis XV.

175 — **Strasbourg.** Plat ovale, décor polychrome, bouquet de roses.

176 — **Nevers.** Saladier, décor polychrome, bouquet de fleurs.

177 — **Nevers.** Bouteille à pans coupés, décor bleu et manganèse, goût chinois.

178 — **Aprey.** Assiette à bords festonnés, décor polychrome, oiseaux et paysage.

179 — **Aprey.** Assiette, même décor que le numéro précédent.

180 — **Aprey.** Plat ovale, décor analogue aux précédents.

181 — **Aprey.** Plat rond, décor analogue aux précédents (fêlé).

182 — **Rouen.** Compotier, décor polychrome dit à la corne. (belle qualité, fêlures).

183 — **Desvres.** Plat rond, décor polychrome, sur le marli bouquet fleurs, au centre paon et fleurs.

184 — **Niedervillers.** Deux assiettes, bords échancrés peints vert, décor polychrome, fleurs.

185 — **Moustiers.** Assiette, décor polychrome, sur le marli ornements rocaille, au centre armoirie écartelée surmontée d'une couronne ducale.

186 — **Strasbourg.** Assiette, décor polychrome, fleurs.

187 — **Strasbourg.** Deux assiettes, décor polychrome, personnages chinois.

188 — **Strasbourg.** Assiette, décor polychrome, fleurs.

189 — **Delft.** Potiche, à surface côtelée, décor bleu.

190 — **Saint-Omer.** Petit plateau ovale, décor de fleurettes au manganèse.

191 — **Delft.** Petit plat, à bords dentelés et lobés, décor bleu.

192 — **Delft.** Plat rond, décor polychrome, fleurs et arabesques.

193 — **Desvres.** Assiette, décor fleurs et oiseaux.

194 — **Desvres.** Encrier, décor polychrome.

195 — **Rouen.** Couvercle de soupière ovale, polychrome à la corne (belle qualité).

196 — **Douai.** Christ en croix et pied de croix en émail blanc.

197 — **Aprey.** Assiette, décor polychrome, paysage et oiseaux.

198 — **Strasbourg.** Deux seaux, décor polychrome, bouquets de tulipes.

199 — **Delft.** Deux bouteilles, à décor bleu, dont une avariée.

200 — **Delft.** Potiche, décor bleu, paysage.

201 — **Desvres.** Deux petites jardinières octogones, décor polychrome, oiseaux.

202 — **Desvres.** Petite jardinière, décor polychrome.

203 — **Ancy-le-Franc.** Assiette du temps de la première République représentant en personnages les trois ordres, et au-dessous l'inscription: Vive la nation.

204 — **Septfontaines.** Service dit tête-à-tête, comprenant plateau rectangulaire, deux tasses et soucoupes, sucrier, théière, chocolatière et pot à lait.

204 *bis* — **Fabriques diverses.** Bol, Bourdaloue, décor polychrome.

PORCELAINES ANCIENNES

205 — **Sèvres.** Pendule en biscuit blanc et bleu ; le sujet représente une nymphe découvrant un nid dans lequel sont couchés deux jeunes enfants. (Époque Louis XVI.)

206 — **Sèvres.** Pendule en biscuit blanc, ornée de bronzes ciselés et dorés, époque Louis XVI ; le sujet représente une nymphe et un amour (quelques fractures).

207 — **Sèvres.** Biscuit blanc, groupe d'enfants achetant des plaisirs (quelques fractures). (Époque Louis XVI.)

208 — **Niedervillers.** Biscuit, groupe d'enfants se disputant un poisson. (Époque Louis XVI.)

209 — **Niedervillers.** Biscuit, groupe d'enfants dont un prend une écrevisse à l'autre. (Époque Louis XVI.)
Nota. Les deux groupes sont très bien conservés.

210 — **Niedervillers.** Quatre petits vases. Biscuit blanc. Époque Louis XVI, ornés sur la panse de têtes de boucs et de guirlandes de feuillage, à couvercles mobiles (très bel état de conservation. Manque un des couvercles).

211 — **Mennecy.** *Pâte tendre.* Petit vase, forme Médicis, orné d'une guirlande de fleurs en relief peinte polychrome.

212 — **Mennecy.** *Pâte tendre.* Autre vase, même qualité et décor que le précédent, mais plus petit.

213 — **Mennecy.** *Pâte tendre.* Moutardier, décor polychrome de bouquets peints au naturel.

214 — **Mennecy.** *Pâte tendre.* Deux petits pots à crème, décor analogue au numéro précédent.

215 — **Paris.** *Fab. duc d'Angoulême.* Moutardier, décor polychrome, bouquets fleurs.

216 — **Niedervillers.** *Fab. marquis de Custine.* Trois tasses et soucoupes, décor polychrome, fleurs au naturel.

217 — **Japon.** Tasse et soucoupe, décor polychrome, à rehauts d'or (très belle qualité).

218 — **Saxe.** Assiette à bords contournés, imitant la vannerie, décor polychrome, semé de bouquets.

219 — **Chine.** Paire de petites potiches, décor polychrome forme dite Mignonnette (une ébréchée à l'orifice).

220 — **Chine.** Plat rond, décor polychrome, sur le marli de sapèques; au centre, une rosace entourée de bouquets de fleurs (belle qualiié), époque des Ming.

221 — **Chine.** Plat rond, décor bleu, paysage.

222 — **Chine.** Deux tasses et soucoupes, décor polychrome fleurs; époque de Kien-Long.

223 — **Chine.** Assiette, décor polychrome, famille rose, même époque.

224 — **Japon.** — Deux assiettes, décor polychrome rehaussé d'or.

225 — **Chine.** Assiette, décor polychrome, fleurs et bambous, rehaussé d'or.

226 — **Inde.** Assiette, décor polychrome, fleurs rehaussées d'or.

227 — **Inde.** Assiette même décor.

228 — **Inde.** Jolié théière, décor polychrome, bouquets fleurs rehaussés d'or.

229 — **Japon.** Trois tasses et soucoupes, décor polychrome, fleurs

230 — **Chine.** Tasse et soucoupe, décor polychrome, même qualité.

231 — **Inde.** Deux tasses et une soucoupe, décor polychrome.

232 — **Saxe.** Tasse et soucoupe, décor semé de bouquets au naturel.

233 — **Paris.** *Fab. de Charles-Philippe d'Orléans.* Petit pot à lait, décor de bouquets peints au naturel.

234 — **Saint-Cloud.** *Pâte tendre.* Trois tasses et soucoupes, à godrons en relief, décor bleu, fabrique de Trou. Ces trois pièces sont signées.

235 — **Chantilly.** *Pâte tendre.* Petit bol décoré intérieuremen de bouquets de fleurs en polychrome.

236 — **Paris.** Encrier et son couvercle, décor de bouquets peints au naturel.

237 — **Paris.** Saucière et son plateau, décor polychrome dit au barbeau.

238 — **Japon.** Plat creux, décor polychrome rehaussé d'or, époque Chrysanthèmo-Poeonienne.

239 — **Paris.** *Fab. de Nast.* Ravier, décor dit au barbeau.

240 — **Paris.** *Fab. de Monsieur.* Diverses tasses et soucoupes, décor dit au barbeau.

241 — **Paris.** *Fab. de la Courtille.* Deux plats ronds, décor dit au barbeau.

242 — **Paris.** Pot à lait et théière, décor polychrome, fleurs et rubans.

243 — **Paris.** *Fab. de Jacob Petit.* Deux flacons carrés, à fleurs en relief, décor polychrome.

244 — **Paris.** *Fab. de la Courtille.* Six assiettes, décor polychrome dit au barbeau.

245 — **Arras.** *Pâte tendre.* Six assiettes, décor polychrome, de semés de bouquets peints au naturel.

246 — **Arras.** *Pâte tendre.* Six autres, même décor.

247 — **Arras.** *Pâte tendre.* Deux plateaux carrés, à décor bleu.

148 — **Arras.** *Pâte tendre.* Deux assiettes, décor polychrome, de semés de bouquets peints au naturel,

249 — **Mennecy.** *Pâte tendre.* Six pots à crème (manque deux couvercles).

250 — **Arras.** *Pâte tendre.* Dix-sept assiettes, décor bleu.

251 — **Arras** — Sucrier et son plateau, beau décor bleu.

252 — **Arras.** *Pâte tendre.* Sept assiettes, à bords contournés, décor bleu.

253 — **Arras.** *Pâte tendre.* Compotier, décor bleu.

254 — **Arras.** id. Petit pot à lait, décor bleu.

255 — **Arras.** *Pâte tendre.* Chocolatière, décor bleu, fleurs.

256 — **Arras.** id. Pot à lait, décor bleu, fleurs.

257 — **Arras.** id. Chocolatière, sans son couvercle, non marquée.

258 — **Tournai.** *Pâte tendre.* Deux tasses et soucoupes, décor bleu.

259 — **Arras.** *Pâte tendre.* Tasse et soucoupe, décor bleu.

260 — **Lille.** *Pâte tendre.* Tasse et soucoupe, décor or, marque au Dauphin (fêlure).

261 — **Arras.** *Pâte tendre.* Neuf assiettes, décor bleu dit à la fougère.

262 — **Arras.** *Pâte tendre.* Deux autres, même décor.

263 — **Arras.** id. Deux assiettes creuse et plate, marli à grains d'orge, décor bleu.

264 — **Arras.** *Pâte tendre.* Trois assiettes, bords contournés, décor bleu, fleurs.

265 — **Tournai.** *Pâte tendre.* Quatre assiettes, décor bleu, bouquets de fleurs.

266 — **Tournai.** *Pâte tendre.* Neuf assiettes, marli, décor imitant la vannerie, décor bleu, bouquets de fleurs.

267 — **Arras.** *Pâte tendre.* Soupière et son plat, décor bleu, fleurettes.

268 — **Grosbreitenbach.** Bol et chocolatière, décor bleu (couvercle réparé).

269 — **Capo-di-Monte.** Pot à lait, décor de guirlandes et de semé de fleurs.

270 — **Lille.** Plat rond, décor dit au barbeau.

271 — **Paris.** *La Courtille.* Tasse et pot à crème, décor au barbeau.

272 — **Saxe.** Très jolie petite théière, décor polychrome, paysage avec sujet de chasse dans le goût de Wouvermans.

Très belle qualité.

273 — **Saxe.** *Époque de Marcolini.* Statuette, jeune femme dansant et tenant de la main droite une clochette et de la gauche une guitare, décor polychrome.

274 — **Saxe.** Deux jolies petites statuettes, représentant une jeune fille ailée tenant un oiseau, et un jeune garçon tenant une brosse ; décor polychrome, marque en or dite à la rose.

275 — **Sèvres.** — Petit solitaire, fort joli décor de guirlandes de roses reliées à un lambrequin de fond bleu de roi rehaussé d'or.

Toutes les pièces sont marquées des années 1850, 1866 et terminées en 1869.

276 — **Sèvres.** *Pâte tendre.* Plateau carré, décor dit à la feuille de chou, avec semé de bouquets au naturel (réparé).

277 — **Lille.** Théière, décor dit au barbeau ; signée en toutes lettres : *à Lille.*

278 — **Tournai.** *Pâte tendre.* Dix tasses avec soucoupes, forme dite cul de poule, décor bleu.

279 — **Paris.** *La Courtille.* Assiette, décor polychrome de bouquets de fleurs.

280 — **Tournai.** *Pâte tendre.* Deux assiettes, bords contournés, décor de bouquets de fleurs en camaïeu rose.

281 — **Arras.** *Pâte tendre.* Deux assiettes, décor bouquets fleurs en bleu.

282 — **Arras.** *Pâte tendre.* Cinq assiettes, décor bleu.

283 — **Sèvres** (façon). Très belle assiette ; le marli à fond bleu de ciel est chargé de trois réserves ornées d'arabesques en or et d'oiseaux peints au naturel ; au centre, les armes impériales peintes au naturel.

284 — **Chine.** Assiette, décor polychrome, bouquets de fleurs.

285 — **Chantilly.** *Pâte tendre.* Deux assiettes, bords échancrés, marli à grains d'orge, décor d'œillets en bleu.

286 — **Arras.** *Pâte tendre.* Sucrier à plateau fixe, décor de bouquets fleurs en bleu (belle qualité).

287 — **Paris.** *Jacob Petit.* Socle ovale, ornements rocaille avec parties ajourées, rehaussées d'or (fêlures).

288 — **Chine, Inde et Japon.** Cinq assiettes, décor polychrome variés.

289 — **Tournai.** *Pâte tendre.* Deux coquetiers, décor bleu.

290 — **Saxe.** Biscuit, Diane chasseresse (le bras gauche fracturé).

291 — **Arras.** *Pâte tendre.* Porte-burettes (huilier); très jolie pièce ajourée à relief, décor bleu, petit coup de feu à l'un des récipients (très belle forme et qualité).

292 **Sèvres.** Assiette dont le marli est orné de zones vertes et blanches, cette dernière dorée est ornée de fleurs de lys et de feuilles de laurier; année 1822.

MEUBLES ANCIENS

300 — Lit en chêne sculpté, à baldaquin, supporté par quatre colonnes reliées entre elles par une galerie.

Le baldaquin sculpté dans la masse est ornée d'une frise de rinceaux s'enroulant entre eux, et laisse sur chaque face et au milieu un cartouche dont celui du pied du lit porte la date de 1616.

Les colonnes sont ornées de chapiteaux d'ordre corinthien; les fûts de marqueterie de bois de couleur; les bases d'arabesques au milieu desquelles une cariatide d'enfant.

La galerie forme une série d'arceaux à colonnettes tournées, les entre-voltes et la frise sont sculptés et ornés de petits cartouches rectangulaires en marqueterie de bois.

La plinte formant la base du lit est ornée de deux zones à feuilles d'achante.

Hauteur $2^{m}30$ — largeur $1^{m}95$. (*Meuble des plus remarquables et en très bel état de conservation*).

301 — Table en chêne sculpté, travail du XVIe siècle, forme dite éventail.

La ceinture sculptée est ornée d'arabesques, rosaces et ornements divers; les extrémités en forme éventail sont ornées de volutes inversées, sculptées et séparées par un torse de femme chimérique placée dans une gaîne à masque diabolique; la base est ornée de feuilles d'acanthe, la table est reliée par une galerie de colonnettes tournées et sculptées. (Très bel état de conservation)

302 — Meuble bahut en chêne sculpté, époque Louis XIII, à trois portes, orné de têtes d'anges et de rinceaux en haut relief; les chutes ornées également de têtes d'anges se terminent par des touffes de fleurs et de fruits. (Très beau meuble en très bel état de conservation)

303 — Meuble bahut en chêne sculpté, époque Louis XIII, à deux portes, daté de 1616.

La ceinture est ornée de feuilles d'acanthe ainsi que la base; les portes sculptées et d'une belle ornementation sont ornées de cartouches en marqueterie de bois de couleur.

304 — Grand meuble bahut en chêne sculpté, époque Louis XIII, orné de chutes à masques de lions et de cariatides se terminant en doubles volutes. Le tiroir supérieur est orné de bustes d'enfants, de chevaux chimériques et d'arabesques enroulées; les portes ornées au centre d'un masque de lion sont chargées de moulures d'un fort beau dessin imitant des pierres enchâssées.

Ce meuble est daté de 1620.

305 — Tabouret en chêne sculpté et tourné; travail de l'époque Louis XIII.

306 — Autre analogue au précédent.

307 — Jardinière, mêmes bois, travail et époque.

308 — Bel écran, à double face, en noyer sculpté, travail de l'époque Louis XIV.

309 — Fauteuil, époque Louis XIII, chêne sculpté, les bras ornés de marguerites.

310 — Chaise, de l'époque Louis XIII, en noyer tourné, modèle dit de Rubens.

311 — Petit cabinet vénitien, marqueterie d'ivoire et d'os, travail du XVIe siècle.

312 — Console, en chêne sculpté et son marbre, époque de la Régence. (Belle ornementation).

313 — Console en chêne sculpté, et son marbre, époque Louis XV.

314 — Meuble crédence, en chêne sculpté, à double corps supportés par des colonnes tournées; tout le meuble est orné de masques de femmes sculptés en relief.

Meuble très étroit et de forme très curieuse.

315 — Cartel porte-montre, bois sculpté, peint et doré, orné de trophées militaires, travail de l'époque Louis XVI.

316 — Belle glace de l'époque Louis XIV, surmontée d'un fronton, dont le cadre ainsi que celui de la glace sont en bois sculpté et doré de l'époque; composition dans le goût de Bérain. — Hauteur 1m90.

317 — Pendule de l'époque Louis XV, recouverte en corne verte, ornée de jolis bronzes ciselés et dorés, surmontée d'un chinois tenant un parasol.

318 — Deux appliques à deux lumières en fer découpé et peint et ornées chacune de trente fleurs en porcelaine ancienne de Saxe.

319 — Groupe du XVe siècle, en chêne sculpté, représentant le bon samaritain et un prélat à cheval.

Ce groupe d'un très beau caractère a conservé sa peinture et sa dorure du temps.

320 — Chêne sculpté, bas-relief, représentant saint François stigmatisé; travail de l'époque Louis XIV avec cadre à touffes de chêne de même époque.

321 — Groupe, bois sculpté, XIVe siècle, Jésus sur le chemin du calvaire, secouru par Simon.

322 — Sainte Marie au pied de la croix, demi-figure sculptée, travail du XVIe siècle.

323 — Paire de flambeaux, en noyer sculpté, époque Louis XIV.

324 — Groupe, trois enfants dans une cuve, groupe en bois sculpté, provenant d'une figure de Saint-Nicolas.

325 — Reliquaire en ébène et écaille rouge, époque Louis XIII.

326 — Jeu de tric-trac en bois d'ébène et ivoire; très jolie marqueterie et quelques jetons; la boîte extérieure est marquetée pour le jeu d'échecs.

327 — Fauteuil en chêne sculpté et tourné, travail de l'époque Louis XIV.

328 — Fauteuil en chêne sculpté, belle ornementation, travail de l'époque de la Régence.

329 — Fauteuil en chêne sculpté et tourné, travail de l'époque Louis XIV.

330 — Six chaises, même bois, travail et époque que le numéro précédent.

331 — Six autres pareilles.

332 — Boite à ouvrage, laque rouge français à personnages et paysages chinois, en or; travail de l'époque Louis XV.

333 — Table de forme hexagonale lorsqu'elle est ouverte, à trois pieds tournés, époque Louis XIII.

334 — Autre table de même époque, à pieds tournés, dont le plateau est en forme demi-lune.

335 — Meuble d'entre-deux, chêne sculpté à quatre portes, les deux supérieures marquetées; travail de l'époque Louis XIII (forme très curieuse).

336 — Très belle horloge de l'époque Louis XV; la caisse en bois de chêne sculpté, est richement ornée; travail de l'époque Louis XV, d'un goût exquis.

337 — Petite table, porte-coffret, pieds tournés et marquetés, travail époque Louis XIII.

338 — Bureau de l'époque de la Régence, forme dite à dos d'âne; bois contourné et plaqué de bois de violette.

339 — Commode à deux tiroirs de l'époque Louis XV; bois de violette ornée d'entrées, poignées et chutes bronze, ciselé et doré.

340 — Commode de l'époque Louis XIV, en marqueterie de bois de violette, ornée d'entrées, poignées, chutes et sabots en bronze (marbre réparé).

341 — Console de l'époque de la Régence, bois sculpté peint en blanc.

342 — Belle commode de l'époque Louis XV, forme dite ventrue, en marqueterie de bois rose et bois de violette, ornée de jolis bronzes ciselés et dorés; chutes, sabots, poignées et entrées.

343 — Petit coffre en chêne sculpté et marqueté, travail de l'époque Louis XIII.

344 — Reliquaire à accrocher en chêne sculpté, orné de colonnes torses et de figures d'anges, très joli travail de l'époque Louis XIV.

345 — Pette vitrine de l'époque Louis XVI, en marqueterie de bois rose et bois de couleur gravé, formant des cadres ovales pour chaque vitre.

346 — Petite commode d'entre-deux de l'époque Louis XV, en marqueterie de bois rose et bois de satinette.

347 — Table en chêne de l'époque Louis XIII; le dessus en marqueterie de bois de couleur, est orné de couteaux et fourchettes, et au centre d'un groupe de fruits.

348 — Pendule de l'époque Louis XIII, forme dite religieuse, en bois d'érable, marqueterie de cuivre et d'écaille, signée *Gaudron, à Paris.*

349 — Paire de petits flambeaux, forme dite cassolette, marbre et bronze, époque Louis XVI (manque une cassolette).

350 — Miroir avec cadre en bois à moulures, sommet cintré, travail de l'époque Louis XV.

351 — Crucifix avec Christ en ivoire, cadre en bois sculpté et doré; travail de l'époque Louis XIV.

352 — Deux fauteuils de l'époque Louis XV, bois sculpté. Très jolies forme et ornementation.

353 — Fauteuil bas et large en noyer sculpté, travail de l'époque Louis XIV.

354 — Fauteuil époque Louis XIV; bois sculpté, jolie ornementation.

355 — Fauteuil époque Louis XVI; dossier à médaillon, orné de rubans et pieds cannelés.

356 — Six fauteuils de l'époque Louis XV; dossiers cintrés, bras rocaille et ornés de deux fleurettes.

357 — Très jolie petite table à pieds tournés; la ceinture ornée d'une tête d'ange, travail de l'époque Louis XIV.

358 — Autre de mêmes travail, ornementation et époque que la précédente, mais plus petite.

359 — Cabinet en ébène, ornés de moulures, à dix tiroirs travail de l'époque Louis XIII.

360 — Petit cabinet, époque Louis XIII, en bois d'ébène; l'intérieur orné de cinq plaques en nacre gravée, sujets différents.

361 — Coffret de l'époque Louis XIII en bois de racine, avec écoinçons en cuivre repoussés et découpés.

362 — Autre coffret de même époque, recouvert en peau de chagrin avec écoinçons en cuivre, repoussés et dorés, sujets relatifs à l'histoire de Diane (manque quelques parties).

363 — Très jolie petite table-bureau, en bois de palissandre tourné et plaqué; travail de l'époque de Louis XIII, forme très élégante.

364 — Fort jolie petite table à ouvrage de l'époque Louis XV en marqueterie de bois rose.

365 — Autre de l'époque Louis XVI, même marqueterie de bois (la tablette supérieure a été réparée).

366 — Jolie console, époque Louis XV; bois sculpté, belle ornementation; forme très élégante.

367 — Petite commode de l'époque Louis XVI, marqueterie de bois rose, bois d'amaranthe et bois de couleur, ornée de bronzes dorés.

368 — Autre de même époque avec ressauts sur le centre et aux angles; beau marbre du Languedoc.

369 — Fauteuil de l'époque Louis XV, dossier cintré et contourné, bois sculpté orné de fleurs.

370 — Autre analogue au précédent.

371 — Fauteuil de l'époque Louis XV, dossier contourné, orné de fleurs et feuillage.

372 — Fauteuil de l'époque Louis XVI, dossier carré et cintré, orné de deux touffes d'acanthes.

373 — Très joli petit tabouret de l'époque Louis XIV, dessus canné, noyer sculpté.

374 — Pied de croix, époque Louis XIII, ébène et écaille rouge.

375 — Console à accrocher, bois sculpté, peint et doré; travail de l'époque Louis XV.

376 — Table à jeu, époque Louis XV, en marqueterie de bois.

377 — Sous ce numéro, les objets omis.

OBJETS DE VITRINE, MINIATURES

PETITS DESSINS. — OBJETS DIVERS, &., &.

378 — **École flamande**. Petit panneau rond représentant Dieu le père tenant son fils mort sur ses genoux.

379 — **École flamande**. Portrait d'homme, petite peinture sur cuivre.

380 — **Lely**. Portrait de femme, petite peinture sur cuivre, cadre en bois sculpté et doré.

331 — Très joli petit cadre ovale à touffes de chêne et fleurettes; travail de l'époque Louis XV, dorure du temps.

382 — **Bartholozi**. Deux jolies petites gravures en couleurs, imprimées sur soie.

383 — **Chrétien**. Trois petits portraits gravés au physionotrace.

384 — **Huet**. Gravure en couleur, ronde; l'Enfance de Bacchus.

385 — **École flamande**. Danse villageoise, petite peinture ronde.

386 — **Cochin.** Portrait d'homme vu de profil, pierre noire et sanguine.
Très joli dessin.

387 — **Inconnu.** Saint Bertin, dessin à la pierre noire.

388 — **École française.** (XVIIe siècle.) Bouquet de fleurs, peinture sur vélin, deux pendants; cadres en bois sculpté.

389 — **École française.** Diane trouvant Adonis mort. Très jolie miniature sur vélin.

390 — **Nattier.** Portrait de femme représentée en vestale. Très jolie miniature sur ivoire.

391 — **Tournières.** Portrait de femme. Jolie miniature sur ivoire.

392 — **Guérin.** Portrait présumé de la Clairon. Miniature sur ivoire.

393 — **Vincent.** Portrait de femme tenant une tasse. Jolie miniature sur ivoire, époque Louis XVI.

394 — **Tournières.** Portrait d'homme. Jolie miniature sur ivoire.

395 — **Verdier.** Portrait d'un officier de gardes-française époque Louis XVI.

396 — **Hervier.** Portrait de jeune garçon. Très jolie miniature sur ivoire.

397 — **Inconnu.** Portrait d'homme. Miniature sur ivoire.

398 — **École française.** Portrait de jeune garçon représenté assis, son chien près de lui. Très jolie miniature sur ivoire.

399 — **École française.** (XVIIe siècle). Scène héroïque. Miniature sur ivoire, cadre en bois sculpté.

400 — **Vigée.** Portrait de femme. Très belle miniature sur ivoire, cadre en bois sculpté.

401 — **École française.** (XVIe siècle.) Portrait d'un abbé. Miniature sur vélin, cadre en bois sculpté.

402 — **École française.** Chasse au cerf. Miniature sur vélin, cadre en bois sculpté et doré, époque Louis XIII.

403 — **Doncre.** Portrait d'homme, officier de la marine royale. Dessin aux crayons de couleurs avec joli cadre en bois sculpté, nœuds de ruban et feuilles de chêne, doré à deux ors.

404 — **Lawreince.** Portrait de femme. Très jolie miniature sur ivoire (légèrement avariée).

405 — **École française.** Notre-Dame de Cambrai. Peinture sur fond d'or, XVIIe siècle, cadre sculpté.

406 — **École byzantine.** Saint Spire. Peinture sur bois de cèdre avec partie dorée.

407 — **École française.** L'Adoration des bergers. Peinture sur émail, époque Louis XIII.

408 — **École française.** La Vierge à la chaise, peinture sur émail, d'après Raphaël.

409 — **École italienne.** Le Calvaire, bas-relief en albâtre, sculpté, parties dorées; art italien du XVIe siècle, cadre en pâte de même époque.

410 — Petit cadre en bois sculpté avec parties ajourées par Bagard de Nancy.

411 — **École flamande.** Paysage, peinture sur cuivre.

412 — Petit cadre sculpté renfermant une eau-forte de Callot.

413 — Médaillon de reliquaire. Ce médaillon à double face est peint en émail; il représente sainte Véronique et saint Jean.

414 — Tabatière ivoire avec miniature représentant un amour.

415 — Bonbonnière ronde, ivoire sculpté, époque Louis XVIII.

416 — Bonbonnière carrée, émail de Saxe, monture en argent.

417 — **Bronze doré.** Châtelaine ciselée représentant des nœuds de ruban, travail de l'époque Louis XVI.

418 — **Bronze doré.** Petit baiser de paix, représentant le calvaire sur un fond gravé, orné de fleurs de lys XVIe siècle.

419 — **Cristal de Roche.** Chien couché; travail chinois ancien.

420 — Reliquaire de l'époque Louis XIII, représentant sainte Thérèse et le Sacré Cœur.

421 — **École française**. Miniature, portrait d'homme, sur émail.

422 — Très petit drageoir en améthyste taillé, s'ouvrant à double face, monture en argent; travail de l'époque de Louis XIII.

423 — Deux croix ornées de strass et petit médaillon avec miniature, représentant sainte Geneviève.

424 — Chapelet dont les dizains sont en perles de nacre avec croix en ébène et en argent, date de 1825.

425 — **Faïence de Hesdin**. Petit flacon façon tabatière, décor bleu fleurs et oiseaux.

426 — **Or**. Paire de boucles d'oreilles, créoles, époque Louis XVIII.

427 — **Or**. Croix Jeannette, ornée de roses, époque Louis XV.

428 — **Argent doré**. Petit cœur, médaillon de cou ciselé.

429 — Parure boucles d'oreilles et broche cristal taillé avec monture en argent.

430 — Paire de boucles d'oreilles de l'époque Louis XVI, argent et strass.

431 — Paire de boutons de manchettes, argent et strass.

432 — Grand collier en cuivre émaillé, style Renaissance.

433 — Bracelet en ambre.

434 — Bouton orné de chrisolithes opales, époque Louis XVI.

435 — Autre bouton orné de jais noir, travail de même époque.

436 — **Ecole Françrise**. Portrait de femme. Dessin aquarellé.

437 — Très belle croix pavée de marcassite, montée sur argent, avec bouton de ruban de cou, de même travail, époque Louis XIV.

438 — Boucle de ceinture, argent et strass, époque Louis XVI.

439 — Quatre miniatures et peintures sur cuivre de l'école française.

440 — Trois miniatures. Ecole française.

441 — Boussole avec astrolabe, époque Louis XIV, signée Johan Schretteger, à Augsbourg.

442 — Petite clochette en cuivre peint représentant une jeune fille.

443 — **Ivoire**. La Vierge et l'enfant. Statuette (une fracture).

444 — Cadre en bois sculpté contenant 19 boutons ; en nacre taillée et gravée ; ornés de strass ; en verre, en bronze doré et à fixer.

445 — Autre cadre en bois sculpté contenant 19 boutons ; en nacre gravée, sculptée, incrustée de pierres de couleur et strass, en verre teinté et nacre découpée.

446 — Deux bracelets en cuivre émaillé ; travail de l'époque de 1830.

447 — Petite pelle en fer repercée et tournée.

448 — Clef à double penon en fer tourné et gravé, avec inscriptions en langue anglaise. Travail de l'époque Louis XIV.

449 — Clef avec sa gaine en fer ; époque Louis XIII.

450 — Clochette en bronze et poire à poudre en écaille de tortue.

451 — **Argent**. Petit bas-relief représentant la Résurrection.

452 — Lot de boutons en nacre, ivoire, passementerie, cuivre et autres objets divers.

453 — Cornet en bois sculpté ; travail ancien, chinois.

454 — **Ivoire**. Statuette de femme.

455 — Bossette en bronze du XVIe siècle.

456 — Huit cachets avec hampes en bois, en bronze gravé et armorié.

457 — Bague en acier avec cachet en cristal de roche fumé, avec profil de femme très finement gravé.

458 — Dix cachets et sceaux en cuivre gravé, cornaline et argent, armoriés, ornés de chiffres et allégories.

459 — Deux bagues ornées de pierres de couleur.

460 — Petit triptique pectoral, en bronze, travail russe.

461 — Sucrier à saupoudrer en bronze argenté, gravé et orné d'armoiries ; travail de l'époque Louis XIV.

462 — Autre de même époque.

463 — **Bronze**. Six pièces, flambeaux, statuettes, bonbonnière et petite statuette de Napoléon 1er.

464 — Lot de monnaies et médailles commémoratives environ 45 pièces.

465 — Petit jeton de forme octogonale allongée représentant la Sainte Chandelle d'Arras et Notre-Dame des Ardents.

466 — Deux pièces de monnaie et une bague en argent, époques romaine, gallo-romaine et autres.

467 — Lot de monnaies en bronze et jetons des diverses époques romaine, gallo-romaine, du xvie et xviie siècles.

468 — **Argent.** Insigne en argent découpé et ciselé.

469 — **Or.** Monnaie du règne de Maximilien, datée de 1577.

470 — **Or.** Deux pièces aux armes de France, époque de Louis XI.

OBJETS DIVERS

473 — Paire de flambeaux, bronze ciselé et argenté, époque Louis XVI, modèle à balustre cannelé.

474 — Paire de flambeaux, bronze gravé et argenté, époque Louis XV.

475 — Jolie petite paire de flambeaux, bronze ciselé, époque Louis XIV.

476 — Très joli petit coffret en fer gravé, orné de personnages, chasseurs, cerfs, lapins et autres gibiers de poils; travail du xvie siècle.

477 — Autre petit coffret garni de lamelles en cuivre découpé orné d'arabesques et d'animaux en or damasquiné; travail du xvie siècle.

478 — Coffret ovale en verre opalin avec monture bronze ciselé et doré, époque du premier Empire.

479 — **Bronze.** Série de poids dits marks; l'étui extérieur est orné de zones gravées, ornements et chasse au cerf; le couvercle est orné d'animaux chimériques et la poignée est fixée dans deux bustes d'hommes barbus (pièce rare).

480 — **Bronze.** Autre série plus petite que la précédente ornée de zones gravées.

481 — **Bronze.** Deux autres plus petites.

482 — **Bronze.** Boite octogone contenant des poids en cuivre équivalant aux différentes monnaies de l'époque Louis XIII ; le couvercle orné de l'effigie de Guillaume de Nassau.

483 — Briquet de l'époque Louis XV.

484 — **Bronze.** Paire de beaux chenets de l'époque Louis XV.

485 — **Bronze.** Paire de beaux chenets ciselés et dorés, modèle à vases, de l'époque Louis XVI.

486 — Paire de flambeaux de l'époque Louis XV, modèle à balustres godronné.

487 — Autre paire.

488 — **Cuivre.** Insigne maçonnique représentant l'univers ; travail de l'époque Louis XIV. Pièce fort curieuse.

489 — Bénitier cuivre repoussé, époque Louis XIV.

490 — **Buis.** Portrait de Cuvier, médaillon rond avec cadre en bois sculpté.

491 — **Bronze.** Saint Vladimir ; bas relief, travail russe.

492 — Plaque en cuivre gravé représentant Notre-Dame des Affligés.

Cette planche est celle qui servait à la publication des gravures vendues lors des pèlerinages au couvent de Notre-Dame de la Paix, d'Arras.

Pièce fort curieuse contenue dans un cadre en bois sculpté.

493 — Cage de pendule avec sujet en bronze représentant Mars enfant, époque Louis XVI.

494 — **École française.** Sainte Rosalie et saint Thomas ; deux miniatures peintes sur vélin.

497 — **École française.** Vitrail de l'époque du XVIe siècle, représentant sainte Barbe, peint au bistre, et autre vitrail fracturé peint au naturel, représentant, en figures allégoriques, la Dialectique.

498 — Lustre de l'époque du premier Empire, bronze ciselé et doré à vingt-quatre lumières, orné de cristaux et pendeloques taillés (H. 140).

498 — Sous ce numéro, différents objets omis.

TERRES CUITES

499 — **Delaville** (de Lens). Personnage se sauvant en emportant un sac d'écus.
Très jolie statuette en costume Louis XVI; d'une très belle exécution, signée et datée en toutes lettres : *Delaville, de Lens*, 1819.

500 — **Delaville** (de Lens). Un Forban.
Très jolie statuette, signée et datée en toutes lettres : *Delaville, de Lens*, 1819.

501 — **Delaville** (de Lens). Hussard assis et fumant sa pipe; très jolie statuette.

502 — **Delaville** (de Lens). Cantinière assise offrant un verre.
Très jolie statuette signée et datée en toutes lettres : *Delaville, de Lens*, 1812.

503 — **Delaville** (de Lens) (attribué à). Mendiante portant son enfant. Jolie statuette.

504 — **Delaville** (de Lens) (attribué à). Phryné. Très jolie statuette.

505 — **Inconnu.** Buste de jeune femme; la chevelure, retenue par un bandeau, porte l'inscription : *L'été et l'hiver;* la tunique, relevée sur l'épaule, porte l'inscription : *De près et de loin;* époque du premier Empire.

506 — **École française.** Marbre, apothéose de la Trinité travail de l'époque Louis XIV.

507 — **Louis Darras** (d'Arras). Deux statuettes, types populaires.

508 — **Blot** (de Boulogne). Deux statuettes, mendiants et mendiantes du port de Boulogne.

Ces statuettes, signées E. Blot, sont datées de 1860.

509 — **École française.** Sphinx, époque du XVIIe siècle.

510 — Sous ce numéro, les terres cuites omises.

TABLEAUX

511 — **Ecole flamande.** Deux volets de tryptique représentant la Nativité et la Fuite en Egypte.

512 — **Raoux** (genre de). La Diseuse de bonne aventure; cadre ovale, bois sculpté.

513 — **Guide** (genre de). Ecce Homo; cadre en bois sculpté.

514 — **Ecole française.** Portrait de femme; cadre en bois sculpté.

515 — **Franck.** Le Calvaire, cadre en bois sculpté.

516 — **Franck** (école de). Mort de saint François.

517 — **Bourguignon** (genre de). Cavalier; cadre en bois sculpté.

518 — Inconnu. Un Insurgé de 1848.

519 — **Doncre.** Portrait de femme.

520 — **Ostade Van** (genre de). Conversation à la porte d'une hôtellerie.

521 — **Mignard** (école de). L'Adoration des anges; beau cadre en bois sculpté de l'époque Louis XIV.

522 — **Ecole française.** Sommeil de l'enfant Jésus; cadre en bois sculpté.

523 — **Blœmaert.** Saint Jean prêchant dans le désert; cadre en bois sculpté.

524 — **Baptiste** (école de). Bouquet de fleurs.

525 — **Ecole française.** Vieille se chauffant.

526 — **D'Haese.** Coq et Poules.

527 — **Oudry** (genre de). Chien griffon.

528 — **Toursel.** L'Ange gardien.

529 — **Ecole française.** Deux gouaches (nature morte).

530 — **Lépollard.** Jeune Femme tenant une guitare.

531 — **Théodore Fort.** Chevaux de labour.

532 — **Toursel.** Chemin creux.

533 — **Ecole française.** La Vierge et l'Enfant.

534 — **Ecole française.** Portrait de femme; cadre ovale, bois sculpté.

535 — **Dutilleux.** Paysage; vue de Suisse.

536 — **Corrège** (d'après). Mariage mystique de sainte Catherine.

537 — **Desavary Ch.** Poulet; nature morte.

538 — **Sigalon** (d'après). La jeune courtisane (musée du Louvre).

539 — **Moncornet.** Mariage de Louis XIII et d'Anne d'Autriche; cadre en bois sculpté.

540 — **Téniers** (d'après). La Lecture de la gazette; cadre en bois sculpté.

541 — **Ecole flamande.** Mater dolorosa.

542 — **Albane** (École de). L'Enlèvement d'Europe; cadre en bois sculpté.

543 — **Ecole flamande.** La Vierge et l'Enfant.

544 — **Choné.** Bouquet de fleurs.

545 — **Ecole flamande.** Saint Pierre.

546 — **Ecole flamande,** Saint Jean.

547 — **Duyts.** Portrait de femme.

Elle est représentée assise, faisant des bulles de savon et près d'elle un amour.

548 — **Rubens** (École de). Sainte Madeleine en prière.

549 — **Leclerc-d'Arras.** — Route sous bois.

550 — **Prost.** Peloton de turcos.

551 — **Thépaut.** Pommes.

552 — **Ecole flamande.** Bouquet de fleurs; cadre en bois sculpté.

553 — **Ecole flamande.** Jésus apparaissant aux apôtres.

554 — **Van Der Cabel.** Port de mer.

555 — **Dutilleux.** Chemin creux; soleil couchant.

556 — **Corot** (Camille). Vue prise au bord de la Seine.
Fort joli tableau d'une très belle qualité et du plus beau faire du maître. Hauteur. $0^{m},18$. Largeur $0^{m},33$.

557 — **Téniers** (Ecole de). Intérieur de tabagie, cadre en bois sculpté,

558 — **Téniers** (École de). Pendant du précédent, cadre en bois sculpté.

559 — **Dutilleux**. Nature morte, poisson ; aquarelle.

560 — **Boucher** (D'après). Le Galant Jardinier ; camaïeu rose, cadre en bois sculpté.

561 — **Peeters** (Bonaventure). Combat naval, peint sur bois, très belle qualité.

562 — **Chardin**. Coin de cuisine avec homard et plat de poissons cuits, joli cadre en bois sculpté.

563 — **Bruyn** (Barthélémy). Saint Arnould. Il est représenté à l'âge de 69 ans, et dans le fond du tableau sont peintes les armoiries de la corporation des brasseurs.

564 — **Goltiuz** (École de). La Charité, cadre en bois sculpté.

565 — **Lépicié**. Intérieur d'une famille d'ouvriers au xviiie siècle.

566 — **Vestier**. Portrait de femme.

567 — **Oudry** (Jean-Baptiste). Lapin mort suspendu par les pattes.

568 — **Lecœur**. Vue des bords du Tessin.

569 — **Breughel** (Pierre). La Bonne Plaisanterie, cadre en bois sculpté.

570 — **Ecole flamande**. — Jésus enfant, cadre en bois sculpté.

571 et 572 — **Ecole flamande**. Deux tableaux formant pendants, scènes galantes, cadres en bois sculpté.

573 — **Michau**. Paysage orné de figures.

574 — **Valfort**. Caravane dans le Sahara.

575 — **Longuet**. Intérieur breton.

576 — **Michel**. Paysage, soleil couchant.

577 — **Toursel**. Poires et raisins.

578 — **Rubens** (d'après). Portrait de Rubens.

579 — **Monper** (Josse de). Paysage montueux, cadre en bois sculpté.

580 — **Griffier**. Chiens gardant du gibier mort.

581 — **Demory** (père). Paysage, vue de Dainville.

582 — **Moncornet**. Portrait de femme représentée en Cérès costume Louis XIV, cadre bois sculpté

583 — **Moncornet**. Portrait de femme formant pendant au précédent, cadre en bois sculpté.

584 — **Ecole française**. Intérieur d'un atelier de teinture et peignages de laine (Arras au XVIIIe siècle).

585 — **Raoux**. Le Concert, scène d'intérieur, cadre en bois sculpté.

586 — Petit cadre en buis sculpté.

DESSINS

587 — **Bertrand** (James). — Le Suicide.

588 — **Charvet**. Maison du XIVe siècle.

589 — **Curty**. Vues prises en Suisse (deux pendants).

590 — **Redouté**. Etude de rose, iris et pavot, gouache sur vélin.

591 — **Posteau**. Vue de l'ancien clocher de l'abbaye de Saint-Vaast; dessin à la plume, lavé; cadre bois sculpté.

592 — **Posteau**. Projet de monument à la gloire militaire; dessin fort curieux, lavé; cadre bois sculpté.

593 — **Posteau**. Projet de calvaire pour la ville d'Arras; dessin à la plume, lavé; cadre bois sculpté.

594 — **Posteau**. Arc de triomphe qui a été élevé pour l'entrée de l'empereur Napoléon Ier, à Arras, le 18 Brumaire de l'an XII; très beau dessin, lavé, bistre; cadre bois sculpté.

595 — **Posteau**. Projet de théâtre pour la ville d'Arras; beau dessin lavé.

596 — **Posteau.** Projet d'hôtel de ville; beau dessin lavé et aquarellé.

597 — **Posteau.** Projet de monument funèbre élevé à la gloire d'un général; beau dessin lavé.

598 — **Posteau.** Projet de monument funéraire élevé à la mémoire du général Hoche; dessin lavé, daté de l'an VI.

599 — **Posteau.** Projet d'arc de triomphe à la gloire de Bonaparte; beau dessin lavé.

600 — **Posteau.** Projet d'arc de triomphe à la gloire de Bonaparte; beau dessin lavé.

Au revers, écrit de la main de l'artiste, « l'arcque de triomphe pour l'entrée de l'empereur en la ville d'Arras, le dix-huit Brumaire, an douze de la République française » (*sic*).

601 — **Posteau.** Projet de monument funèbre; beau dessin lavé.

602 — **Posteau.** Projet de porte pour le cimetière d'Arras; croquis lavé et aquarellé.

603 — **Posteau.** Projet de pyramide géodésique; mine de plomb.

604 — **Posteau.** Projet d'une ruine rustique pour parc avec plan et coupe; croquis lavé et aquarellé.

605 — **Posteau.** Projet de pagode, porte et pont chinois.

606 — **Inconnu.** Dessin du monument dit La Polaine; très beau dessin lavé et aquarellé, reproduction d'un monument élevé sur la grande place d'Arras.

607 — **Gayant** (d'après). Hôtel de ville d'Arras, démoli en 1779; très beau dessin à la plume, rehaussé d'aquarelle (très intéressant).

608 — **Houplain** (architecte d'Arras). Clocher de l'abbaye de Saint-Vaast, démoli en 1741.

609 — Sous ce numéro, les dessins non catalogués.

GRAVURES

610 — **Rigaud**. Louis XIV et Louis XV, gravés par Drevet. Deux belles pièces.

611 — **Porporati**. Vénus et l'Amour; belle pièce avant la lettre.

612 — **Porporati** (d'après Van Loo). Deux belles pièces avant la lettre.

613 — **Cars** (d'après Hyppolite de Latude). Clairon dans la pièce de Médée, gravé par Beauvarlet.

614 — **Van Loo**. Histoire d'Esther et d'Asuérus; six pièces gravées par Beauvarlet (belles épreuves).

615 — **Lebrun**. Histoire d'Atalante; quatre pièces gravées par Bernard Picart (très belles épreuves).

616 — **A. Coypel**. Alexandre et Roxane, gravée par B. Picart (belle épreuve).

617 — **G. Seghers**. Reniement de saint Pierre, gravée par Collyns.

618 — **Ecole française**. — Le Temple de la Sybille; gravure en couleur.

619 — **Vernet** (Joseph). Quatorze Vues des ports de mer de France, gravées par Cochin et Philippe Lebas.

620 — **Backhuysen**. Ecueil des côtes de Norvège, gravée par Maleuvre.

621 — **Wouvermans**. Le Voyageur allemand, gravé par Baquoy.

622 — **Van Falens**. Le Chasseur fortuné et le Rendez-vous de chasse; deux très belles épreuves gravées par Philippe Lebas.

628 — **Schall**. La Mère abandonnée, gravée par Vidal.

624 — **Haudebourt Lescot**. La Bénédiction des chambres; gravure, manière noire, par Reynols.

625 — **Mignard.** Ecce homo ; gravé par Bazin.

626 — **Rembrandt.** Les Philosophes en contemplation ; deux pièces gravées par Surugue.

327 — **Aubry.** La Bergère des Alpes ; gravée par Le Veau.

628 — **Poussin.** La Manne et la Femme adultère ; deux pièces gravées par Audran.

629 — **Giroust.** Œdipe ; gravée par Alex. Morel.

630 — **David.** Bélisaire ; gravée par Alex. Morel.

731 — **Boucher.** Paysage ; gravé par Gilberg ; épreuve sanguine.

632 — **Baumgartner.** Deux épreuves imprimées en manière noire bleuie ; gravées par Koch.

633 — **Delacroix (Eugène).** Médée ; lithographie sur Chine par E. Lasalle.

634 — **Barthélémy.** Le Siège de Calais ; gravée par Ansselin.

635 — **Saint-Aubin.** Comptez sur mes serments.

636 — **Halbou.** L'Aventure fréquente.

637 — **Vleughels.** Salomon et Abigaïl ; deux pièces gravées par Jeaurat.

638 — **Vien.** Offrande à Cérès, Offrande à Vénus ; deux pièces gravées par Beauvarlet.

639 — **Jacob.** Le Comte de Chambord dans son berceau ; lithographie par Jacob d'Alfort.

640 — **Téniers.** Troisième Fête flamande : gravée par Ph. Lebas (belle épreuve).

641 — **Van Falens.** Le Chasseur fortuné ; gravée par Ph. Lebas.

642 — **Ary Scheffer.** La Damnation de Faust ; lith. par E. Lasalle.

643 — **Mlle Gérard.** Le Judas ; gravée par Henriette Gérard.

644 — **Caresme.** Le Philosophe charitable ; gravée par Voyez.

645 — **H. Vernet.** Judith ; gravure en manière noire par Jazet.

646 — **Coypel.** Mariage d'Alexandre et Roxane ; gravée par Bernard Picard.

647 — **Lenain.** La Surprise du vin ; gr. par Dollet.

648 — **Cochin.** Vue d'Arras ; cadre bois sculpté.

649 — **Coypel et Jeaurat.** Jacob demandant Rachel à Laban, Laban cherchant ses dieux (2 pièces.)

650 — **Molenaer.** La Petite Flûteuse et le Joueur de vieille; deux pièces gr. par Bosse.

661 — **Joseph Vernet.** Les Italiennes laborieuses et 2e Vue du Levant; deux pièces, gravées par Aliamet.

652 — **Beaudouin.** La Rencontre dangereuse; très belle épreuve gravée par Le Veau.

653 — **Wouvermans.** La Petite Foire aux chevaux; gr. par Moyreau.

654 — **Dov.** La Liseuse et la Dévideuse; deux belles pièces gravées par Wille.

655 — **Greuze.** L'Accordée de village et le Paralytique servi par ses enfants; deux belles pièces gravées par Flipart.

656 — **Lafosse.** Le Christ ressuscitant la fille de Jaïre; gr. par Cars.

657 — **Gros.** Les Pestiférés de Jaffa; gr. par Laugier.

658 — **Boucher.** L'autel de l'amour; sanguine gravée par Demarteau.

659 — **Gentil.** Jardin épiscopal d'Arras; vue panoramique.

660 — **De Poilly.** Représentation de la croix miraculeuse plantée sur le rempart de la ville d'Arras en 1638.

661 — **Berghem.** Embarquement des vivres; gr. par Ph. Lebas (cadre écaille).

662 — **Harrewyn.** L'Abbaye royale de Saint-Vaast.

663 — **Devel.** L'Eglise cathédrale de Notre-Dame en cité, à Arras.

664 — **Heim.** Salon de 1823; Distribution des récompenses; belle gravure en manière noire gravée par Jazet.

665 — **Lebrun.** Alexandre à la tente de Darius et le Triomphe d'Alexandre; deux pièces gravées par Audran.

666 — **Van Dyck.** Charles 1er d'Angleterre; très belle épreuve gravée par Robert Strange.

667 — **Van Dyck.** Henriette d'Angleterre et ses enfants; gr. par Robert Strange (très belle épreuve).

668 — **Joseph Vernet** (1758). Paysage; belle épreuve avant la lettre gravée par Bénazech.

669 — **Freudeberg**. Le Galant Chirurgien ; gr. par Trière.

670 — **Boucher**. Vue des environs de Beauvais et Deuxième Vue des environs de Beauvais ; deux belles épreuves par Ph. Lebas.

671 — **Boucher**. Le Moineau apprivoisé ; gr. par Gaillard.
Mettay. Les Bergers romains ; gr. par Le Veau.

672 — **Van Loo**. Sainte-Geneviève ; gravée par Aliamet.

673 — **Berghem**. Le Matin, le Soir ; deux belles pièces gravées par Ph. Lebas.

674 — **Brandt**. Vue d'Autriche ; gr. par Zing.

675 — **Greuze**. La Petite Sœur ; gr. par Hauer.

676 — **Restout**. Mort d'Alexandre ; belle épreuve avant la dédicace par Levasseur.

677 — **West**. Mort du général Wolfe ; gr. par Voollett (belle épreuve).

678 — **Berger**. Mort du général Schwerins Tod devant Prague, 1757 ; gr. par Grisch.

679 — **Cochin**. La Soirée ; gr. par Galimard.

680 — **Téniers**. Le Chirurgien de campagne ; gr. par Major.

681 — **Wouvermans**. La Fontaine de Bacchus ; gr. par Moyreau.

682*b*— **Wouvermans**. Départ pour la chasse au chien courant ; gr. par Moyreau (deux belles épreuves).

682 — **Monnet**. Serment du Jeu de Paume, Ouverture des Etats généraux, Assemblée nationale et la Fédération ; quatre pièces, Journées mémorables de la Révolution, gravées par Helman.

683 — **Callet**. Le Roi Louis XVI ; belle épreuve gravée par Bervic.

684 — **Jules Romain**. Apollon et les Muses ; gr. par R. U. Massard.

685 — **Descamps**. Le Négociant ; belle épreuve par Ph. Lebas.

686 — **Bailly**. Ah ! qu'il est sot ; gr. par Petit.

687 — **Greuze**. L'Aveugle trompé ; gr. par Cars.

688 — **Cochin.** Port du Havre; gr. par Lebas.

689 — **Horace Vernet.** La Bataille de Wagram et Campagne de France; deux belles pièces en manière noire par Jazet.

690 — **Gros.** La Bataille d'Eylau; belle gravure par Wallot.

691 — **Horace Vernet.** Le Maréchal Moncey à la barrière Clichy; belle gravure en manière noire par Jazet.

692 — **Horace Vernet.** Les Adieux de Fontainebleau; gr. par Jazet.

693 — **Horace Vernet.** A tous les cœurs bien nés que la Patrie est chère; gr. par Jazet.

694 — **Gros.** Portrait équestre de Napoléon Ier.

695 — **Forbin.** — Martyre d'une religieuse; épreuve avant la lettre en manière noire; gr. par Reynolds.

696 — **Hamilton.** La Queue du loup et la Souris; deux épreuves par Bartolozzi.

697 — **École française.** Miracle devant une statue de la Vierge; cadre en bois sculpté.

698 — **Queverdo.** Deux épreuves pour la Henriade; gr. par Delignon.

699 — **Schut.** Conversion de saint Paul; eau-forte originale.

700 — **Girardin.** Le Calvaire; gr. par Gaillard.

701 — **Scheneau.** La Jeune Pèlerine et le Petit Pèlerin; gr. par Biosse.

702 — **Téniers.** Joueurs de tric-trac; gr. par Beauvarlet.

703 — **Queverdo.** Les Tendres Caresses; gr. par Martinet.

704 — **Prud'hon.** Molière couronné par l'immortalité; gr. par Marelis.

705 — **Boucher.** Le Poète et la Petite Fermière; deux pièces gravées par Duflos.

706 — **Legrand.** Jenny et Adélaïde; deux gravures en couleur et au pointillé, par Auvray.

707 — **L. De Boullongne.** Histoire de saint Augustin; cinq pièces gravées par Cochin.

708 — **Boucher.** Six pièces gravées à la sanguine par Demarteau et Bonnet.

709 — **École anglaise.** Deux gravures au pointillé; cadres en écaille.

710 — **Guide.** Le Char de l'Aurore; gr. par Raphaël Morghen.

711 — **Téniers.** Vue d'un port de Flandre; gr. par Ph. Lebas.

712 — **Rubens.** Le Jardin d'amour; gr. par Lempereur.

713 — **Restout.** Adieux d'Hector et d'Andromaque; gr. par Levasseur.

714 — **Greuze.** La Paresseuse; gr. par Moitte.

715 — **Charpentier.** Portrait de Jean de Bonne Guise, évêque d'Arras; gr. par Cars.

716 — **Pierre.** Bacchus et Ariane; gr. par Lempereur.

717 — **Mick.** Horloge de Strasbourg; eau-forte.

718 — **Greuze.** L'Ermite; gr. par Marais.

719 — **École française.** Le Couronnement de la Vierge; gravure brodée de soie.

720 — **École française.** Sainte Catherine; gravure brodée de soie.

721 — **Carle Vernet.** Tableaux historiques des campagnes d'Italie, d'Égypte et de la guerre d'Allemagne jusqu'à la paix de Presbourg; gravures de Delaunay, Duplessis, Bertaux, Dupréel et autres; ouvrage en très bel état non rogné.

722 — **Rembrandt.** Les Philosophes en contemplation; deux pièces, école anglaise, en manière noire par Slouston.

723 — **Lancret.** Le Printemps, l'Automne et l'Hiver; belles épreuves gravées par Ph. Lebas.

724 — **Greuze.** Le Silence; gravure en manière noire par Haid.

725 — **Lagrenée.** Triomphe de la peinture et Pygmalion amoureux de sa statue; deux belles pièces gravées par Dennel.

726 — **L. Watteau.** Quatorzième Expérience aérostatique de Blanchard et entrée de M. Blanchard et du chevalier Lépinard à Lille; deux gravures par Helman.

727 — **Philippe Van Dyck.** Agar renvoyée par Abraham; gr. par Porporati.

728 — **Fragonard fils.** Allégories sur Napoléon Ier; deux pièces grav. par Mme Benoist.

729 — **Téniers.** La Boudinière; gr. par Ph. Lebas.

730 — **Desmarest.** Voltaire dans son cabinet de Ferney; gravure très rare.

731 — **Coypel.** Rébecca à la Fontaine; gr. par Drevet.

732 — **Procaccini.** La Création d'Ève; gr. par Hémery.

733 — **Loutherbourg.** Le Berger pressant; gr. par Laurent.

734 — **Boucher.** Les Présents et les Serments du berger; deux belles pièces gravées par Lempereur.

735 — **Fragonard.** La Famille du fermier; gr. par Beauvarlet.

736 — **Greuze.** La Paix du ménage; gr. par Wagner.

737 — **De La Croix.** Vue des restes d'un temple de Vénus; gr. par Ph. Lebas.

738 — **Téniers.** Le Printemps, l'Été, l'Automne et l'Hiver; quatre belles pièces par Surugue.

739 — **Rubens.** Les Premières Victimes du christianisme; gr. par Dupuis.

740 — **De la Croix.** Le Pacha en promenade et Deuxième Vue des environs de Bayonne; gr. par Lempereur.

741 — **Aubry et Borel.** Le Mariage conclu et le Mariage rompu; gr. par Delaunay. (Deux belles épreuves).

742 — **Claude.** La Récompense villageoise; belle épreuve par Ph. Lebas.

743 — **Bloemart.** Le Villageois ruiné, la Villageoise en colère; gr. par Martinet.

744 — **Troost.** Le Malade imaginaire; gr. par Mays.

745 — **Callot (Jacques).** La Tentation de saint Antoine avec inscription latine et armoiries du duc de Lorraine.

746 — **Callot.** Pour les fêtes de Nancy : Entrée de Son Altesse, à pied.

747 — **Callot.** Pour les fêtes de Nancy : Entrée de Monseigneur le prince de Phaltzbourg, venant au combat.

748 — **Callot.** Pour les fêtes de Nancy : Entrée des sieurs de de Vroncourt, Tylliers et Marimon.

749 — **Callot.** Pour les fêtes de Nancy : Entrée de Monseigneur Henri de Lorraine.

750 — **Callot.** Pour les fêtes de Nancy : Entrée de Son Altesse représentant le soleil.

751 — **Callot.** Pour les fêtes de Nancy : Entrée de Monsieur Decouvonge et de Monsieur Dechalabre.

752 — **Callot.** Pour les fêtes de Nancy : Entrée de Monsieur le comte de Brionne.

753. — Jésus couronné d'épines.

754 — Album contenant des vues des différentes villes d'Allemagne (38 pièces); gravures du XVIIe siècle, reliure en veau gaufré.

755 — Album de vues d'Italie, XVIIIe siècle, gr. par Cecchi et Carloni (22 planches).

756 — Album ds 46 planches; plans et vues d'Amsterdam; XVIIIe siècle.

757 — Album; médailles du règne de Louis XV; 51 planches gravées par Fleurimont.

758 — **Mariette.** Ermites, religieuses et ordres monastiques; 97 planches, XVIIe siècle.

759 — **Equitation.** 21 planches dédiées à don Alphonso Felici d'Avalos d'Aragon; gr. par Collaert et Jean Stradan.

760 — **Ornements.** 12 planches inventées et gravées par Carolo Mannery. Anvers, 1612 (très bel état).

761 — **Goltzius.** Travaux champêtres et chasses; 24 pièces gravées par Philippe Galle et Jean Stradan.

762 — **De Vries.** 8 pièces; Art des jardins; gr. par Théodore Galle.

763 — **Ambroise Franck.** 6 fables d'Esope avec le titre; 6 pièces gravées par Galle et Mallory.

764 — **Jean Stradan.** Les Sciences humaines; 15 pièces gravées par Philippe Galle.

765 — **Van Œrt.** Métamorphoses d'Ovide; 3 pièces gravées par Collaert.

766 — **Bonnart.** 16 pièces; religieux de la Trappe.

767 — Pour les œuvres de Beaumarchais, 24 pièces non rognées.

768 — **Méryon.** Vue de l'abside de Notre-Dame de Paris; très belle épreuve.

769 — **Méryon.** La Pompe Notre-Dame, très belle épreuve.

770 — **Méryon.** Vue du palais de Justice et du pont au Change, avec le ballon Espéranza (très belle épreuve).

771 — **Méryon.** Vue de la tour Saint-Jacques la Boucherie, avec le diable de Quasimodo (très belle épreuve).

772 — **Méryon.** L'Arche du pont Notre-Dame (très belle épreuve).

773 — **Méryon.** La Morgue (très belle épreuve).

774 — **Méryon.** Le Pont-Neuf et le Coin de la place Dauphine (très belle épreuve).

775 — Cahier de fleurons de l'imprimerie de Gillé frères; Paris, 1808.

776 — 13 pièces, modèles de meubles, d'appartement et artecture du XVIIIe siècle.

777 — 8 pièces, Gillot, Leprince, fleurs et fleurons du XVIIIe siècle.

778 — **Chaudet.** 16 pièces pour le théâtre de Corneille, gravées par Baquoy, Dupreel, Duval, etc.

779 — **Girodet, Chaudet, Peyron et Gerard.** 19 pièces sur grand papier pour le théâtre de Racine, gravées par Langlois, Massard et autres.

780 — **Borel Marillon.** 12 pièces tableaux des Français, gravées par Malapeau, Le Beau, Delignon, Avril, etc.

781 — **Guérin.** Epaminondas, épreuve avant la lettre, av gr. par M. Blot.

782 — **Ecole moderne.** La Vierge au Livre, d'après Raphael, gravée par Desvachez. — Sainte Geneviève, d'après Puvis de Chavannes, gravée par Masson. — Saint Sébastien, épreuve sur Chine, d'après L. de Vinci, grav. par L. Flameng, et eau forte de Chaplin.

783 — **L'Espinasse et Courvoisier.** Trois Vues de Paris, gravées par Berthault et Morret.

784 — Deux jeux renouvelés de celui de l'oie, l'un avec monuments de Paris, l'autre avec personnages Louis XVI et ballons.

785 — **Piranesi.** Ruines romaines, 6 vues, eaux fortes.

786 — **Camille.** 4 intérieurs d'appartement, grav. par Monchelet.

787 — **Inconnu.** Prise de la Bastille, grav. au bistre.

788 — **Tessier.** Voltaire reçu aux Champs-Élysées, eau forte par de Launay.

789 — **Hauer et Le Canu.** Portes cochères, meubles et armoires, quinze pièces.

790 — **Taunay.** Trois pièces pour les plaideurs, gravées par Prévost, Le Villain, Duval.

791 — Cinq gravures en couleur par Alix. Portraits de Condillac, Lycurgue, Raynal, Racine, Linné.

792 — **Moreau le jeune.** Vingt-six pièces pour la Nouvelle-Héloïse, en toutes marges non rognées.

793 — Huit pièces pour Phèdre et autres.

794 — **École française.** Quarante et une pièces; portraits par Cochin, Mondhare, Audouin, Nattier, Dequevauvillier, etc.

795 — **École française.** Seize pièces; portraits de personnages de la Révolution française par Lacauchie et autres.

796 — **École française.** Quatorze pièces; portraits et pièces diverses.

797 — **École française et flamande.** Quatre pièces; modes de Paris, deux pièces, et deux pièces Scènes flamandes de Jeghers.

798 — **Dauvin** (Guillaume). Monument de la Sainte-Chandelle d'Arras; dessin lavé à l'encre de Chine.

799 — **Poissonnier.** Modèle de candélabres girandoles; dessin fait pour le roi Louis XV.

800 — **Posteau d'Arras.** « Projet exécuté Au feux de joye pour la Naisance du duc de Normandie » (*sic*).

800 *bis* — **Posteau d'Arras.** « Vue perspective d'une palissade à l'italienne formée par des tilleuls plantez en quinconce » (*sic*).

801 — **Livres d'Heures** à la vierge Marie, à l'usage de Paris, imprimé par Gotofridi Torini, en 1531, le 20 du mois d'octobre.

Ces Heures sont ornées à chaque page d'encadrements d'arabesques gravées, variées; les grandes planches sont coloriées et rehaussées d'or (bon état de conservation).

802 — **Romans et Contes de Voltaire;** 3 volumes publiés à Bouillon aux dépens de la Société typographique, 1778, avec planches de Monnet.

Ouvrage à l'état de brochures non rogné; le deuxième volume très avarié.

803 — **Manuscrit oriental.** Livre de contes du XVIe siècle de notre ère.

804 — Sous ce numéro environ 50 gravures encadrées non décrites et divers cartons contenant des gravures qui seront vendues par lots.

805 — Quatre bouquets composés de fleurs exécutées en passementerie, nacre, perles et verroterie de couleur; travail de l'époque Louis XV.

806 — Pinces à bois avec poignée en bronze; travail de l'époque Louis XV.

807 — Sous ce numéro, différentes pièces de verrerie ancienne comprenant des burettes, et porte-burettes en verre cristal taillé et gravé, verres à boire de différentes tailles, un pot en verre ancien de Venise à surface striée losangée.

808 — Sous ce numéro les objets omis.

Paris. — Alcan-Lévy, imp. breveté, 18, passage des Deux-Sœurs

www.ingramcontent.com/pod-product-compliance
Ingram Content Group UK Ltd.
Pitfield, Milton Keynes, MK11 3LW, UK
UKHW020446180726
13839UKWH00004B/1666

9 782329 548166